샤갈, 모래톱에 서다

시산맥 시혼시인선 046

샤갈, 모래톱에 서다

시산맥 시혼 046

초판 1쇄 인쇄 | 2024년 10월 19일
초판 1쇄 발행 | 2024년 10월 25일

지은이 박산하
펴낸이 문정영
펴낸곳 시산맥사
편집주간 김필영
편집위원 신정민 최연수
등록번호 제300-2013-12호
등록일자 2009년 4월 15일
주소 03131 서울특별시 종로구 율곡로 6길 36. 월드오피스텔 1102호
전화 02-764-8722, 010-8894-8722
전자우편 poemmtss@naver.com
시산맥카페 http://cafe.daum.net/poemmtss

ISBN 979-11-6243-522-9 03810 (종이책)
ISBN 979-11-6243-523-6 05810 (전자책)

값 12,000원

* 이 책은 전부 또는 일부 내용을 재사용하려면 반드시 저작권자와 시산맥사의 동의를 받아야 합니다.
* 이 책은 교보문고와 연계하여 전자북으로 발간되었습니다.
* 본문 페이지에서 한 연이 첫 번째 행에서 시작될 때에는 〈 표기를 합니다.
* 저자의 의도에 따라 작품의 보조 동사와 합성 명사는 띄어쓰기가 달라질 수 있습니다.

샤갈, 모래톱에 서다

박산하 시집

| 시인의 말 |

시는 써서 뭐할 건데,

대나무 속 얇은 막처럼 보일 듯 보이지 않는
내 속의 나를 열어본다

때론 불통이 돌아선 통이란 걸

2024. 가을
박산하

■ 차 례

1부 어떤 토르소

어느 오후에 널 만나고 싶을 때	19
돌의 기분	20
서랍이 궁금하다	22
수평선들은 바위틈에도 산다	24
봄이 아닌, 봄의 노래	26
어떤 토르소	28
카톡하는 앵무	30
머쓱한 뒷주머니	32
투칸의 부리가 될 거나	34
시인이라서	36
디기탈리스	38
뒷면에 대하여	39

2부 포구에 부리는 음률들

부겐베리아	43
구름이 가득한 커플	44
라이브로 듣는 비발디	46
고래가 뭍으로 올라간 항구엔	48
달의 귀환	50
돌을 안고 집으로 오는 남자	52
초록 물빛을 닦다	54
화분과 찻잔 사이	56
고래는 손안에 들어오고	58
납작해지는 시간	60
새벽, 시속 240km로	62
난 안녕하신가	64
비를 맞다	65
포구에 부리는 음률들	66

3부 자작나무와 숲

달항아리	71
겨울 팥배	72
물의 각	74
반가사유상	75
물의 농담	76
연은 소통입니까	78
맑은 소리 모으다	79
무릎으로 흐르는 향	80
기린의 첫발	82
모란	83
부들	84
자작나무와 숲	86
물의 모양	88

4부   씨, 시 때론 불통이

마른 산수국	93
샤갈, 모래톱에 서면	94
돌다	96
알약이 들었을까	98
씨, 시	100
서랍이 있는, 여인	102
친절은 염소 한 마리	104
배추흰나비	106
사과 몇 알	108
남포동	110
산리山裏	112
짤쯔캄머굿	114
때론 불통이	116
유리의 집에 비는 쏟아지고	118
낮은음자리	120

에필로그
멀다	122

해설 | 권성훈(문학평론가, 경기대 교수)	125

1부

어떤 토르소

어느 오후에 널 만나고 싶을 때

누구는,
- 영화의 한 장면이다
- 한 우물을 파라,

창을 열고 싶지만 창문도 없는 지하방
들리지 않는 소리를 찾고 있다

그림을 그려라, 데생조차 쉽지 않은 걸

난 아다다가 된다

가슴 자랄 때까지 기다리는
밤새워 민낯을 드러내는

말이 쉽지
세상 밖으로 나갈 때 어디 그냥 나갈 수 있던가?
 분칠을 하고 머플러를 두르고 거울을 보며 자꾸 뒤돌아봐야 하는 것을

 너만 보면 알록달록 옷을 입히고 싶은 오후엔

돌의 기분

여자가 여자에게 전해주던 멈춘 시계 속으로 들어선다
문득, 저 시간의 돌 하나 사고 싶다,

싸고 싸맸을
가장 어둡고 깊은 구석에 밀어 두었던 시간들
껍질을 벗겨본다

강치 이빨을 닮은 시간을 비틀자 숫자들 떨어진다
반으로 뚝뚝 잘리는 조각조각들 6,7,9,8……

넘춘 시간은 돌처럼 껍질이 벗겨지는 걸까

붉은 잎이 돋아날까 푸른 뿌리가 숲을 흔들지도 몰라
바람 들면 푸석한 꽃 한 송이 필지도
이미 복사꽃 만발한 미다스 도원
앱솔루트 보드카 반 병 마신 보랏빛 구름 같은
꽃이 피고

이윽고 폭포, 저 직하하는 삼각들

그저 는개 뒷면, 햇살의 각도
투명한 것들끼리 저리 선들이 흘러간다는 거

서랍이 궁금하다

서랍을 연다

구겨져 있던 난초잎을 당겨본다
뿌리째 쏟아진다

아이야 그건 당기면 안 돼
소리가 커지면 통째 부서져 내릴 수도 있어

서랍 속으로 물을 쏟는다
빛을 조금 섞으면 꼬리를 흔들어 주던
틈세, 파닥거린다
어제 죽은 구피가 밖으로 달아나는 중일까, 저긴 절벽인데

서랍을 꺼낸다
쏟아진 그림책
손가락으로 누르자
바위 하나 튀어나오고, 아니 공룡이 떨어진다
만져보면

발톱이 꾹꾹 자라는

틈이 궁금하고 서랍은 닫혀 있고, 한데 작년에 넣어 둔 소리는 어디로 갔지?

지우개, 안경알, 볼펜심 이것들이 다 잡아먹은 거야

손가락만 닿으면 어디든 열어보고 싶은

수평선들은 바위틈에도 산다

바다에도 혀를 가진 짐승이 살까?

껍데기를 가졌지만 말랑한 혀를 가진 겨드랑이가 자라고
닿을 듯 벼랑의 촉감, 아무 일 없듯 사라지고

찢긴 테왁 병 깡통 비닐봉지 우럭 대가리 성게 껍질 갈
애기 소리
얽힌 발자국을 돌아보면

쏟아버린 깡통들 모두 가벼워지는 걸까
더는 품을 수도 없는 바람 앞에서
안부를 묻듯, 바람 웅성거리다가 쓸모없어지고

팽팽했을 꽃소식 가랑이 사이로 빠져나가면
바람, 테트라포드 위를 서성거린다

공중에도 흔들리는 계단이 있다
층계마다 내 그림자를 밀어 넣으며

테트라포드 속, 굳어버린 얼굴 하나 헐어낸다

바람 젖는 대로 쏟아내는 허밍 또는 파롤
그물코마다 그림자들 지워지는 중이다

뼈만 남은 허공을 본다 살 한 점 남지 않은 지느러미
파도를 지우면 깃털이 난 공중 쌓이고

내려다본 구름의 마음이랄까?
난 지상에 내리지 않을 수도 있다

아무 일도 일어나지 않을 것 같은 수평에도 혀가 있다
자고 일어나면 짠맛이 도는

팽팽 부푼 입술로 수평선들 몰려온다

봄이 아닌, 봄의 노래*

눈물이 나지 않는 울음을 울어 본 적 있나
울어도 울어지지 않는 울음을 본 적 있나

늑골을 건드릴 줄 몰랐지
싹이 톡톡 끊기는 소리
봄은 오는데
물기 마르는 소리
억새 소리, 하얗다 못해 검은 가루로 떨어지는

호박소 빙벽을 타고 흐르는
능짝 후려치는 소리
봄의 노래 두 마디가 비웃듯 달아난다

지금은 부재중이니 봄을 받을 수가 없습니다

보내고
또 보내고

봄이면서, 엄동인

저 소리

되돌아오지 않는 계절은 구름처럼 하얗게 지워지고
자라지 않는 돌들이란……

* 멘델스존.

어떤 토르소
- 삼릉곡 석조여래좌상을 돌아보다가

난, 괜찮다 괜찮다 어깨를 펴는
커피 한 잔으로 밤은 묽어진다

바람에 순종한 시간들
얼굴 쓰윽 닦으며 널브러진 어둠을 추슬러 봐도
나, 얼굴이 없다

꽃 피지 않아도 꽃잎 열리는 소리 들을 수 있다,
노을 몇 자락쯤 잡을 수 있다 주문을 걸며
돌을 파고 파도
나는 목이 떨어져 있다

심장 먼 곳부터 가라앉다가
덜컥거리는 관절, 흙에 가까워지고

송홧가루 쌓인 등허리 한 귀퉁이 이끼 돋아나고
뼈 없는 벚꽃이 저리 서리는 걸

그려그려

머리 하나쯤 없어도 몇 겹의 풍경쯤 읽을

길 나서지만 언제나 물컹한 안갯속
가슴 한 올 풀지 못한

난, 어디로 가고 있지?
왜 여기 빈 머리로 앉아 있지?

카톡하는 앵무

카톡, 새 말만 한다네
뼛속까지 텅 비었는지 전화가 끊어지지 않네
바람이라도 몇 뭉치 둥지에 담으려나

비밀스런 이야기 다 들어 준다던 뒷산 푸조나무
왼쪽으로 들으면 왼쪽으로 흘러 보내고
좋은 일이 생기면 먼저 술을 권한다던

푸조나무를 찾아가는 건 아무, 아무 거라도 다 들어준
뭔, 의리 같은 거 아닐까

앵무의 이야기를 들어준다는 건
내가 나무가 되는 일

앵무는 입안에 웃음이 가득 고였나, 아니 울음 같은 거
 푸조나무를 믿기에 저리 이야기를 부려 놓는 것도
같은데

 묻지도 않은 이야기, 금세 하품 나는

그쪽 깃털, 이쪽 나무
하루쯤 일정이라도 겹쳤던 것일까

몸속에서 빠져나온 머리카락 같은 이야기
나무는 앵무가 될 수도 없겠지만
연록의 팔레트가 붉었다가 보라였다가
물들인 시간만큼 뒤섞인 팔레트
말끔히 씻어야 할 때가 있지

머쓱한 뒷주머니

3층 찻집, 투명유리잔
잡았다고 잡았는데 팍!
한나절 걸었던 기분이 엎질러진다
사방으로 튄다

마음 먼저 삐져나오고
받쳐주지 않는 악력
명품 기분 한 잔 물어낼 뻔했다

주춤거리는 눈빛들
눈초리 부서지는 소리, 쿵쿵

손수건을 꺼내 머쓱함을 닦는다
내가 사라진 몇 초의 정적, 묵음인가?
물구나무선 유리잔의 웃음

종이컵에 금간 기분을 따른다
엎질러진 조각과 미끄러진 구멍이 일 없듯 메워지고
〈

탭댄스로 날개를 달던 발걸음들이
언제 이렇게 헐거워졌지?
조금 높아도
조금만 낮아도 틈을 메울 수 없는

울퉁불퉁한 오늘, 또 멀리 밀려나면
웃음이 웃음일까?

투칸의 부리가 될 거나

저리 앙다문 부리로도 말을 하는가
태풍 오기 전인데
저 방파제 말한다
엉엉 팡팡
침방울 튀기며 온몸으로 말한다
몸 뒤집어
수시로 묵은 때 벗겠지만

부리큰새 한 마리 파닥인다
말이 덜컹거린다
벽이 없는데 벽을 만난 듯
그물에 걸린 듯
말이 끓고 있다
불내가 난다

하늘과 바다가 한색일 때
말은 감색이다
가슴을 넘지 못하는 것일까 저 말의 높이
무릎 아래 흐르는 말의 진폭

공간을 비워 놓은 투칸의 부리
할 말 식혀
두툼한 입술에 가두는 이유, 알겠다

시인이라서

영하의 날, 문득 전화를 받고 자갈치로 간다
누군가 시집이 나왔다고

헙수룩한 시인 몇이 자갈치 곰장어 거리 입구에 기다리고 있다
아이고 이렇게 추운 날에 가게에 들어가 계시지
같이 들어가려고……
시인은 착한가

대구 안동 성주 양산 울산에서 다들 모였다
b와 나를 제외하곤 시집을 낸 시인과 절친이다
우린 절친이 아니지만 절친처럼 웃는다
그래도 시인이니까
공통분모가 있어서

곰장어를 먹지 못하는 사람은 꼬물거리는 낙지를 먹고 그것조차 먹지 못하면 광어회를 소주에 적셔 먹었다 넓적한 갈치와 대구 뽈떼기도 구워 한 접시 나왔다
〈

시가 뭘까 안주가 나왔다
　소설을 쓰다 재미가 없어 안 쓴다는 k가 쓰고 싶은 걸 쓰라고 한다 누구는 쓰고 싶은 걸 쓰지 말라고 하고 백 인 백 시, 마음대로 뭉쳤다 흩어지는 구름 같기도 하고 자신을 잘 알아야 시의 바다를 건너겠지 누구는 피로 쓰라고 하지만 피라고 다 시가 되는가 떨리는 손을 가졌다고 다 시인인가

　맵짜한 자갈치의 밤거리를 걸으며 생맥주 마시는 일이 자주 일어나지는 않을 것 같다 길 건너면 영화를 보며 까르륵 거리던 거리, 비엔나커피에 비스킷으로 한 끼를 때우고 클래식을 듣던 날들, 보수동 헌책방 골목을 다니며 도록을 뒤적거리던 날들

　자갈자갈 자갈치는 언제나 비릿함으로 존재하고
　골목 어딘가에 쓰러져 웅크린 것들, 일으켜 세우는 일이 시라고

디기탈리스

애인이 떠난 며칠 후
꺄르르 소리 내어 웃었다
옆구리가 가려워서 긁었다
생각에 생각을 졸이면 마른 웃음이 날 때
꽃을 심었다

연둣빛 소리가 났다
푸른 종이 되었다
바람 불 때마다
속주름이 펴진다
간지럼을 탄다

옆구리가 가려워진다는 건
단순한 뇌를 가졌다는 거
훅 들어오는 웃음
초롱초롱한
극약도 약인지라
멈춘 심장이 뛰는
칠월엔 웃기로 했다

뒷면에 대하여

떼까마귀가 잠을 잔 이후일까
대숲, 얇은 화선지에 덧칠에 덧칠한
그윽해졌다

까만 말이 있다더니,
저 그림 속으론 까마귀들 몇 마리나 들었을까
문득, 거짓말도 백만 개도 넘겠다는 생각
먹색이 이만 가지나 된다던데

덧칠에 덧칠하면 뒷면에 헛말들 배어나고
말은 할수록 검어지는 걸까
그림, 뒤쪽에서 비치는 말들
먹이 퇴색해 거무스레해지면 까마귀들은 또 돌아올까?

검은 숲으로 들어선다
돌아보면 하늘마저 가물가물한

문 나서면 화선지 속엔 까마귀 날고
뭉개진 발톱들, 뒷면에 배어 나오고

2부

포구에 부리는 음률들

부겐베리아

시든 오후가 꽃잎에 떨어진다

늘 붉게 네네 언니 네 그렇지요 네네 사모님 어머나 그랬어요
네, 네 선생님 어떻게~

붉은 오후가 말라간다
제 속인들 붉기만 하겠으랴
민낯을 옷장에 걸어두고
화사한 진분홍으로 산다는 거
대답은 높고 둥글게 웃음은 스타카토로
얼굴은 더 붉게
푸른 목 더 푸르게 스며주는

간기 없는 웃음
시든 노을에 엷어진 얼굴
깨알만큼 담아 동그란 손톱으로 귀가하는

구름이 가득한 커플*

힘을 가하지 않아도 멍은 붉었다

불탄 전선 뭉치?
까치둥지 위로 엉긴 구름들

쓸모없는 뭉치를 구겨버렸는데
언제 터질지 모를 활화산의, 구름
노을 뒤집어진 늪엔

아무도 모르면 돼, 그럼 아무 일도 아니야**

하지만 어떤 눈들은 어디에고 있을지도 모르는 거야
벼락 맞듯 누구 하나 명중할지도 모른다는 생각

내 안의 구름을 쏟아냈다 덩달아 쏟아진
달빛 한 오라기 손을 잡았다

보풀을 풀어 솜옷이라도 만들면
내 안에도 벼락 맞은 구름 한 조각 있었나?

〈
뭉치들, 달의 무늬

쏟아 내리니 아무것도 아닌 일을
사라지면 살아진다, 구름들……

* 살바도르 달리 〈머리에 구름이 가득한 커플〉 1936. 변용.
** 드라마 〈나의 아저씨〉.

라이브로 듣는 비발디

  새를 기른다는 것
  물 한 대접 싸래기 한 줌을 발코니에 놓는 일

  직박구리가 찾아왔다 물 한 모금이라도 마셨을까, 산수유 씨를 배설하고 갔다 우듬지에서 참새가 일 년 만에 베란다로 내려왔다 접시 바닥이 말끔하다 물 한 모금, 머리를 젖힌다 작은 것들의 조심성이랄까 우듬지서 망을 보다 나뭇잎 나선형 계단을 만들어 폴짝폴짝 내려왔을, 미세한 바람에도 다시 원점으로 돌아갔다가 차가 지나가도 휘리릭 날아갔다 창을 열면 새 그림자가 안으로 내려앉는다

  참새가 온다 수 없이 제 그림자를 돌아보았을, 무릎을 구부린다
  가느다란 발가락이 현을 뜯듯 분주하다
  물 대접에 꽁지 까딱거리며
  깃과 깃을 잇대어 스타카토로 물방울 튕긴다

  구름 한 조각 대접 안에 스미자 스르릉 날아오르는

〈
라이브로, 튕겨 오르는 아르페지오
강가에 가지 않고도 봄을 듣는

고래가 뭍으로 올라간 항구엔
- 울산공단야경

모서리마다 별이 돋아 잠이 없는, 백야?

타고 내려온 별이 강을 물들이죠
강이 공중에 뜨다니

밤이면 더욱 부풀죠
찬란하게 새벽이 휠 때면
별똥별 떨어지는 강은 한 번씩 부서지기도 하지요

웃다가
울다가 등을 벗고 기타를 칠 때도 있어요
연인은 커피 향으로 스며들고
별 몇 개 가슴에 안고 회 한 점에 소주 한 잔, 그럴 땐 울어도 괜찮아요
조금 따뜻한 꽃이 조금 추운 꽃에게 연탄을 나르고 나무들이 음악회를 열어요

고래가 빠져나간 고래 등에 앉아 고래 잡던 이야기를 듣습니다 둥근 작살이 회전하며 등짝을 후려칠 때 붉은 꽃이 한가득 피어났다던

〈

　보세요, 전설은 미래가 될 때가 있죠 공단은 화석으로 찬란합니다 우린 앞으로 기울까요 뒤쪽으로 쏠릴까요?

　뭍으로 올라가면 늙은 고래 몇 마리
　공중으로 떠나고 있던데요

달의 귀환

햇무리가 뜬 날, 집을 나왔다

어제는 틀렸고 지금은 맞다*라 했지만
어제도 맞았고 지금도 맞다고

담담히 일 끝내고 나에게로 오는 길
이팝꽃, 별이 되어 흩뿌려준다

기차를 타고 귀향한 사람
중심에서 변방으로 오는 길
가장자리가 중심이 될 수 있지

걸림 없는 사람 속으로 스민다는 거
막걸리 잔 나누며 잘 살겠다, 별빛 몇 점 내려서겠지만

달은 이미 초록인가
달빛마저 베옷을 짜려하는

가장자리의 달그림자 느릿한 울타리에 걸린

* 도잠.

돌을 안고 집으로 오는 남자

돌을 안고 길 떠나는 남자를 본다

바위 속에서 밥을 먹는 사람
난로를 들이면
이미 주전자에선 김이 새어 나오는

돌 속에
등만 보이는

하프를 켜면 카펫이 쏟아진다
열기구를 탈 수 있을까 우리 카펫이 뒤집어질 때
해협은 또……

돌을 갈아 쓰던 날들이 언제였던가
카펫엔 발자국 흥건하다
사막을 지나는 물소리 웅웅거리고

볕이 없어도 살아진다는 거
양귀비꽃 웃자라듯 휘청거리는 달

달이 떠야 물맛이 나는 걸까

봐봐, 여자 등의 저 양귀비문양
오그라드는 발가락

발자국 몇몇 구름에 찍혀 화석으로 남을 때
김이 사막을 적실 때

돌을 지고 집으로 오는 남자가 있다

초록 물빛을 닦다

따개비 소리를 만져보고 싶다, 다리 위를 걷는데
깡깡, 끼릭끼릭
이런, 초록 물빛 한 마리 돌 틈에 끼어 있다

파도 하나 이지러지면
싹이 튼 감자처럼 구겨지는 얼굴

얼마나 어질러진 하루였을까 저 초록
헐거워지는 무릎마다
저녁노을이 이제 어여 집에 가라고
갈매기도 그래 그려

깡깡, 이건 소리가 아니야
탯줄이야, 막 끊어낸

깡 깡, 파도들 겹쳐 쌓인 구멍 뚫린 틈새마다
보듬어도 보듬어도, 자꾸만 삐걱대는 물빛

눈 감으면 한밤에도 낮달 하나 떠오를까

돌 틈에 나부끼던 따개비 소리들
　몸 버썩거리는, 모퉁이마다 벽화로 남고
　건너 빌딩 별빛들이 먼 나라인 양 다리 하나가 금이
되는
　깡으로, 하루를 닫는 달빛 항

화분과 찻잔 사이

햇볕테이블 하나 들였다
커피 한잔 들고 자리 하니
화분에 심어둔 자라풀의 노래가 들린다
잎사귀 하나가
왜 이리 늦었냐며 뾰로통하다

반쯤 들어오다 나가버리는 햇살
어둠만 가득하다는 생각
글방까지 햇살이 들어오지 않는다고
남향집, 남향집 매화타령만 했다
삼대를 적선해야 남향집에 산다는데
코로나19로 동굴 신세가 되고 보니
비로소 베란다에 햇살이 가득한 걸 알았다

늘 푸른 차나무
꽃을 문 채 열매를 익힌다
적당히 갈라지는 몬스테라 잎사귀가 숨통을 틔워주고
얇은 햇살에 푸른 근육
카페에 가지 않아도 근사해지는 오후

분답이 가라앉으니
어둔 것들이 환하게 다가온다
밖으로 열린 귀와 입
마스크의 위력

고래는 손안에 들어오고

살을 발라낸 고래의 손을 본다
내 손마디 뼈를 닮았다, 퇴화일까?
뒷발은 나비를 닮아가고

고래바다여행선을 타던 날
수천의 범나비 떼를 보았지
뱃전을 따라오며 물방울을 튕기던
펄펄 날고 있던

퇴화, 양보일까?
각진 것들을 다 버린 고래의 비행
물 위의 의식을 치른 후
몇 며칠 통곡하다 돌아간다는

바위 속으로 들어간 고래가 물속을 유영한다
그리거나
새기거나

 고래, 보이지 않을수록 꿈은 부풀어 지층 몇 개쯤 건너뛴다지

〈
고래 점점 작아지고
그중 한 마리 내 손안에 들어오고

오래된 울음을 전한다고
달랑 손안에 든 챗봇, 깊고 깊은 고래의 소리를 분기하는

납작해지는 시간

맨발로 집을 나선 사람이 돌아오지 않는다
떠나던 그날,
현관의 신발 한 켤레, 하얗게 가지런하고

소리가 들린다
하얀 벽이 그를 맞는다
신발을 신을 수가 없다고
신발과 발목의 거리가 이렇게 까마득하다고
신발이 발목을 밀어 올리는, 직립
팡팡 튀어 오르던 하양, 저 질감

평면 이전의 되돌리기
하루, 수도 없이 클릭을 해보지만
해바라기 꽃잎 떨어지듯
버퍼링만 끼익끼익
cpu 어디엔가 스크래치가 나는 하양

아이가 제 발에 신발을 신는다는 건
우주를 들어 올리는 일

〈
언젠가 하얗게 탈색될 신발
반짝반짝 코를 닦으며 납작해지는

새벽, 시속 240km로

염포항, 알 수북하다
파도가 품어내는 바람만으로도 부화할 것 같은

저 알,
수만 개의 꿈이 있었지
밤을 끓이고
땅을 녹여 깃털이 날고
함성을 태워 날개를 달았지

밤을 걷어 올리는 눈꺼풀
쏟아지는 천둥소리
육각나사들의 입맞춤
제자리에 앉히는 것이 일이었지

가끔,
공중에 기대어 새벽을 보고
커피를 등분하여 시간을 마시며
푸르스름한 육각은 내일의 꿈으로 흔들어 댄다
〈

손을 뻗으면 눈꺼풀들이 움켜 쥔 오늘
노랗게 쉰 별빛이 간을 한다

밤을 머금은 알,
해가 솟자, 날개가 돋고 광활한 거리를 질주하는

난 안녕하신가

하루쯤은 머릿속을 쏟는다
쏟아진 것들의 반응을 본다
빈 그릇을 빙글빙글 돌리기도 하고 뒤집어도 모로 세워보기도 하며
그릇 속은 안녕하신지 이곳저곳 찔러본다
물길은 잘 뚫려 있는지?

늘 좋은 일만 있을 수 있나
머릿속은 쓰리기도 둑이 터지기도 하지
말하면 뭐하나 넘어가기도 하고

갈대처럼 울음이 서걱일 때
늦은 계절이 노랑으로 흘러내릴 때
호숫가에 앉으면 나는 안녕한가?

차 한 잔, 구겨진 속을 펴 가듯
빈 머리를 내려놓고
역전시장 현대내분비내과 대기실 앞에 선
〈

비를 맞다

헤드뱅잉, 비가 온다
인디밴드 보컬, 기타를 흔들면 출렁인다

단정하게 묶으면 다정하게 물든다
비를 흔든다
노랑 단발 찰랑찰랑, 돌고래 소리로

구부러지는 비
광장이 부풀고

꿉꿉한 기분을 말리고 싶은데, 비를 볶을까?
맥반석 오징어 굽듯
흑맥주 들이키고……
둘러선 얼굴들에 몽글몽글 쌓이는 비

무대 밖에는 는개
옆구리 젖을수록 팡팡 튀어 오르는 광장
보송보송, 비 맞으며

포구에 부리는 음률들

철당간이 허공을 찌른다
저 당당한

그날, 공중엔 푸른 바다마냥 깊어졌고
콸콸 물소리도 났지

깃발을 매단 바람이 등허리를 어루만지고
물새는 발자국 몇 남기고 떠났을 터

바라춤을 추는 저 비원들
어느 행성쯤 건너고 있을까?

돌고 돌리던 시름겹던 음률들
돌고 돌아 어제가 내일 같은 휘파람

  높새바람에 엎드려 불을 지피던 당신 모습, 가장이기에 해야 할 일이라고
  바람을 밀고와 한 생 포구에 부리는 일이 일이라고
  당신의 얼굴이 마지막 바람으로 기억되고

〈
달을 아우르는데, 손가락만 봐도 좋은
이날, 갑사는 철당간만 남아 챙챙챙 돈다

저 돛대, 속을 비웠기에 여태 살아 있어서

3부

자작나무와 숲

달항아리

한밤, 낮달을 본다
큰 얼굴 잇대 만든 집?

1250도의 열기가 이리 차가워 질 수도 있나?
자디잘게 쪼개져 가라앉은 저

둘이 만나 하나가 된다는 거
빙렬, 갈라지면서 이어지는 미로

똑같은 길은 하나도 없다던데
하루의 길이 또는 부피

내가 내 안으로 사라지고 싶을 때 저 먹먹한

아무 일 없다는 듯 돌아와 눙치고 있는 낮달 하나

삭이고 삭히면 둥그런 곡면들
내 속으로 스밀 때 내가 내 집으로 들어서는, 저

겨울 팥배

겨울새를 위한 압축파일?
공중, 사랑이 참 붉다

슈베르트 한 뭉치 지나가고
싸락눈이 나뭇가지도 흔들어보고, 마왕일까
마른 잎들은 계절과 계절을
빨강들 쏟아지고

무슨 따뜻함이 저리 올망졸망해 질 수도 있나
볼에 그득한 점

산방꽃차례냐 취산꽃차례냐, 꽃 피는 자리나 익어가는 게 뭘 그리 대수랴
 겨울을 나는 자들을 위해 저리 붉은, 눌러 담은 소찬

아니다, 저 붉은 결기
바람 불 때마다
곤줄박이 박새 직박구리 붉게 익어가는
〈

빨간 눈빛이 소복한 새소리
겨울 강을 건널 저녁 한 상 차려진

물의 각

작천정 너럭바위 물결무늬엔
암청색 물의 울음

색깔이 짙어진다는 거 가장이 된다는 거
옆구리에 물집 서고 손바닥 지문이 닳는 일
가장자리엔 얇은 얼음이 늘 도사리지
먹구름 찢은 햇빛 한 줌 만져보지 못하여
영영 건너지 못할 강
꽃 피면 꽃그늘 찾아 유랑하던 한량이나
산다고 살았지만 틈만 남은 빚쟁이나
짙푸른 그림자나 새겨두는

물은 깊을수록 색 짙어지고
그래 속으로 물길이나 내는 거지
목젖까지 올라온 울음

물이 돌확에 쉬었다 간다 뚝, 끊긴 버드나무의 부름 켜 같은 저 무늬 문질러 보면 지쳐 잠든 새 한 마리 삐져나올까 물결무늬 바위를 만나면 에둘러 온 내 안의 물결 몇 개 저리도록 운다는 거

반가사유상

오른팔 꺾어 턱에 괼 줄 어찌 알았을까

잠을 청하면서
꽃 열리듯 번지는 저, 저 볼우물
이 생 나오기 전, 그
무슨 살내음이 떠올라 저리 웃을꼬
반쯤 뜬 눈 너머엔 말간 창
잠이 앞으로 쏠린다
입술을 오므리며 몸 옹알이한다
젖을 물고 트림한다
뽀송한 기저귀가 웃는다
한나절 일 끝낸 듯
앙금앙금 존다
엄마무릎에 기댄
저 하얀 반가사유
쉿,

물의 농담

파도는 늘 옆구리가 가렵다는 거지
일렁일 때마다 의자 생각을 한다
앉아서도 치맛자락 펄럭거리는

밥 대신 오징어먹물빵 한 개
과테말라 커피 한 잔을 주문한다
문득, 딸려 나온 안티구아가 궁금해진다 이 커피 한 잔 마시면 그 어디쯤 당도할까

bourbon, washed, 1800m
★★★★☆

큰 나무 아래서 자란다는 Bourbon의 이력
화근내 짙은 밤색 물 한 모금, 물 위로 걷게 한다

물 위의 대화, 누군가 했었을 농담이었을 거야
파도와 파도 사이, 미끄럼 탄

입술 갖다 댄다 바람과 바람 사이 깔깔대던

그날의 일기

잡히지 않는 색연필을 잡는다는 거
절규를 들을 줄 안다는 거
농담에 물을 들인다는 거

한 잔 커피에도 이력이 있다
농담을 자주하다 보면 커피의 농담 같은 것들, 있다

연은 소통입니까

꽃은 웃는 게 수행인가 봅니다

삼화령, 아직도 생생합니다
눈 오면 선이 곱고
비 오면 환하지요

삼짇날 차를 올렸다는 이야기가 생각납니다
사람은 바뀌어도
연은 뻗어내려 서출지에 번져
편지를 건넸던 일도 모른 척 그저 웃습니다

가을 연꽃대로 피고 지지만
잎은 잎맥으로 넓고 꽃은 꽃대로 높아
사람들은 꽃 따라 미소가 출렁
공감은 구름처럼 번집니다
온통 웃음천지입니다

맑은 소리 모으다
- 집청정

새소리 모으면 생황 하나 만들어질까
물소리 모으면 고래가 돌아올까
솔숲 바람 모으면 정자 하나 세워질까

천 층 만 층 구만 층
나눠지는 마음
한곳에 머무르기 쉽지 않는 거라
말뚝 박는다는 말, 아무나 할 수 없지

댓잎도 새들을 재우듯
셋이 걸으며 서로 길을 터 준다는 거
어깨 기댈 기둥이 되어 준다는 거
시린 손 잡아주는 들보가 되어 준다는 거

공중에

집 하나 떠 있지
서로에게 스며들 때
청간淸澗 소리 가득한 정자 하나

무릎으로 흐르는 향

쪽빛 수면에 Q, 물방울을 튕긴다
벽을 치고 돌아 쓰리쿠션, 또 스치고

손끝에 묻은 까만 풀물이 수수해서 마음 갔다는……
이국에서 온 아내를 위해 나를 비우고
등이 되어 주는, 복사집 김 씨

당구대 위에 하얀 도화지를 놓고 학교를 세운다
운동장을 그리고 아담한 골조로 교실을 이어나가고
벵골보리수 나무 아래, 썸밧, 썸랑, 보파, 꼴랍, 레악카나
챔파꽃을 입에 문 아이들 오징어게임을 한다

아이들 함성, 사원 계단을 돌아 나오는
톤레삽 호수 같은 눈, 그래 물 같은 물에도 낮은 향기가 있지

아이들에게서 물의 향을 본다
젊은 아내를 위해 아이를 갖지 않겠다,

나 먼저 죽으면 더 좋은 곳으로 시집가라고, 김 씨 물의 모양을 본다

 몸 적셔 나오는
 낮은 곳으로 낮은 곳으로 구르다 보면 어느덧 하구에 와 닿을

 물이 밀리면 밀리는 대로 수직Q 서핑하는
 바다로 밀어주는 저 등, 쓰다듬으면 강이 만져진다

 저 강 짙푸르러 하늘과 경계가 사라지고
 일렁일 때마다 라벤더향 쏟아지고

기린의 첫발

 구름을 두드려 본다 가늠 없는 깊이, 구름이 꺼진다 발가락으로 더듬어 보는 공중 잠시 구름이 흔들린다 주저앉는다 일어나 일어나 몸 비틀어 다시 무릎 세운다 한 발 한 발짝 우주를 두드려본다 앗, 물이 아니네 지구가 왜 이리 물렁해 휘청 구름을 밟아본다 초원 속에서 들리는 소리 아가야 일어나 일어나 아직 물기 덜 마른 날개 꿈틀한다 파닥 몸 비틀어 나선으로 세우는 무릎
 고래 등을 탄다 사자갈기를 만져본다 새들을 뒤쫓기도 나무그늘에서 기린친구가 강중거리며 다가온다 함성이 몰려오고 차츰 야물어지는 공중 앞발의 힘으로 구름을 밟는다 입에 문 검지, 지렛대다 땀보다 침이 먼저 흐르고 발바닥을 받쳐주는 무지개 나비처럼 배 시시한 구름젖니 하얗다

모란

녹 쓴 문 철거덕 열면, 와락 쏟아지는 모란 향
청마루 내려오시며
이 서방네 오냐 하던 음성, 돌담 안 뜨락 휘돌아 친다
구름이 내려앉은 쪽빛 호수
한 방울의 빗물만 보태도 넘칠 것 같은
당신의 향 밀려온다

핫이불에 피어난 모란
이불 속으로 부챗살처럼 모여들던 발바닥
호롱불 아래 꽃잎 넉넉히 피어나던
북적대던 새들, 떠난 둥지
한 번 떠난 새들은 좀체 오지 않고
핏빛 노을에 슬쩍 담그던 당신의 하루
4월이면 꽃잎 겹겹 향을 저민다

부들

  부들 한 송이 바람에 날아간다 또 한 해를 부들부들 살아 있구나
    저리 바람 속으로……

  등나무 그늘 아래 쉬고 있던, 턱수염 더부룩한 남자 인사를 한다

  반갑습니다 어디서 오셨나요
  아프가니스탄
  멀리서 오셨네요

  아프가니~ 순간 밤송이에 찔린 듯 몸 말려오는,
    부르카, 니캅, 타하루시 자마이……　얼굴이 부들처럼 부푼다

  저편이 이기면 이편은 떠나고, 이편이 이기면 저편이, 방어진까지 바람에 실려 왔을까

  어디서든 뿌리를 내려야 하는 거야

오늘 만난 젊은 저 남자도 이 땅에 뿌리를 내릴 수 있을까?

구름 한 점 지나간다
점이 번진다

바람에 실려 오는 이야기들 부들부들, 부들들

자작나무와 숲

내 입이 열려 있다는 걸 알게 된다
나이테가 뒤집어진 걸까?

맹한 시간이 뭣해서
묻지도 않은 말을 하고 있다는 생각
뱉어낸 말들이 이미 흘러가고 있을 때
허공에 떠도는 입엣말

눈과 입이 가깝다고 생각했는데
문득, 멀다는 느낌
울타리 너머 가지 치고 나간다

하다만 속엣말 무늬가 돋아난다
옹이인지 나이테인지는 몰라
숲에서 곰 그림자인지
다가오는 벽 또는 늪의

나무와 나무 사이엔 바람이 드나들어야
길이 이어진다,

공유하지만 서로 겹치지 않는
둥치들, 공중을 살아가는 방식이다

비 온 후, 숲을 걸으면 솔향이 만져지고
나는 말하지 않아서 길이 열리고

물의 모양

간당, 한쪽으로 쏠리자
물방울 한 점 튀고 쏟아지고

물이 물을 밀고, 물이 체한다
좁은 물길, 너무 많은 물을 담았었나
수면엔 금이 가고

핑핑핑
노란 별 튕겨 나오고

새파랗게 멍든 얼굴
소리소리소리, 회전하는 불빛에 감겨 폭발한다

  막힌 벽을 탈출하러 간다 벽이 꼬리를 물고 가면을 쓰고 간다 옷을 빌려 입고 면접을 기다리는 동안, 열아홉 스물의 잡히지 않는 그 무엇이 잡힐 것만 같은데, 익명의 얼굴로 어깨 마주친다 등허리 단단해지고 숨 가빠지고 음악이 벽을 헌다 샴페인 무지개처럼 솟아오르고 농밀한 소리소리, 소리 팽팽해지고

〈
앗, 금 하나
술렁거리는 물결, 누구도 읽지 못하는

물은 쏟아져야만 깨어지는 줄 알까?
방울방울 부릅뜬 눈, 허공에서 목어처럼 꺽꺽 울어야만 했던

4부

씨, 시 때론 불통이

마른 산수국

경주 남산 머리 없는 불상
어깨를 매만지던
돌조각마다 말을 하려는 숨소리
능으로 휘어진 소나무의 마음 읽느라
그냥 걷고 걸었지요

어디까지 누워야 합니까
언제까지 기다려야 하나요
마애불이 걸어 나올 때까지
계림의 아이 울음소리 다시 들릴 때까지
더 웃어야 합니까

온 천지 초록 혀가 등을 떠받드는데
헛꽃도 헛꽃이지만
연보라 빼낸 하얗게 마른 몸
날갯짓해보지만 그냥 그 자리

샤갈, 모래톱에 서면

빈 가방 메고 전철을 탄다
1300원의 길이는 얼마나 될까
자리에 앉자, 맞은편 창에 또 하나의 내가 있다
스르릉,
나는 나를 빠져 나온다
얼굴이 깃털인가
붕붕, 바다 위로 뜬다

서생 지나 임랑, 바다가 보이고
기차 바다에 처박히고, 등대는 조는가
나는 짠물에 발을 담그고

부겐베리아가 지치는 오후
나는 창에 걸려 있었다

일광역에 내린다
뽀얀 김을 내는 호호찐빵
쌓은 찜솥에서도 생이 부풀까
나는 또 수다스러워지고

〈
결 고운 모래톱에 서면
레이스 단 파도, 내 등의 거품을 지운다

등을 내어 주고
해변은 내 목을 감고

돌다
- 까마귀가 나는 밀밭*

밀밭 속에서 돌아 봐봐, 올리브나무
돌고 있는 화면을 손끝으로 뚫어야 하는

나는 텅텅 비어 밑동부터 흔들린다
달빛 돌고 밀밭이 돈다
까마귀 직하하고

오늘, 꽃술을 먹은 것도 아닌데 자꾸 왼쪽으로 푸르다
새소리 흔들리고
달빛,
어디까지 기울여야 초록이 잡힐까

밀밭 지나 갈림길
뿌리째 도는 나무
밀밭이 익는다 보글보글
열기 잦아들고, 찔레꽃 한 잔 마시면
핑그르르, 시든 오후
나는 나를 순장하고 싶어
〈

안이 흔들리면 밖은 뜨끈한 꽃인가
텅 빈 내 발바닥 아래
구름이 비틀거리자, 별빛 돌아 내 몸을 휘감는

* 빈센트 반 고흐(1890).

알약이 들었을까

통도사 자장매 폈어요 손가락 누르면
주르륵 딸려오는 웃음들

하이고 벌써 폈네
아이고 이쁘라
어머나 이 추운 날에 우짤라꼬

찰칵찰칵
꽃도
웃음도
팡팡

매화나무 곁에 서면
웃음 하나 빠져나가고
또 하나의 웃음 들어가고
다시 둘이 들어가고
셋이 나가고
다섯 들어가고
〈

부처님 오늘도
빙그레
빙그레
소맷돌 연봉오리처럼 벙글고

씨, 시

오늘 아침을 화분에 묻으면 간밤의 씨가 나올까?

생각을 화분에 심으면 손가락이 열릴까?

넌 매일 씨를 먹고 껍질을 벗겨내잖아
난 과일의 속을 이식해 뭔가를 쓰려 하고

아보카도를 먹고 시를 화분에 묻었다
행간이 자라고 있다 마로니에 잎을 닮은

그 행간, 남국일까
따뜻한 그늘을 떠올리며 자꾸만 웃자라고 싶은

무성해지면 동남아가 된다
앙코르톰 프놈 바켕, 일몰보다 가지런한 속이 궁금했던

잎은 넓었고
내가 알지 못하는 일들은 숲속에서 이미 자라고

〈
　말랑해진 행간 하나 누르면 수십 년 고인, 파란 물이 쏟아질 것 같은

　아보카도 내 손에 들어오기까지
　남국의 열기가 저온방을 지나 여기, 일생이

　결국,
　시
　씨 하나 남기는 일이라고

　하루를 헐어 삼킨 일이 쉼표 하나 지우려는 일이라도 될까?

서랍이 있는, 여인*

뱀은 이마를 찢고 나올 땐 무슨 생각을 하시는지……
놀러 와, 할 때마다
없는 팔뚝에 고드름이 달그락거린다

자두 익은 단내가 난다
율마를 쓰다듬을 때 나오는 향처럼

허리, 가슴, 배꼽, 이마
잘려나간 어제 또는 내일 같은
움찔할 때면
세모눈을 가진 뱀이 달그락거리고 있다

꽃을 태운 연기가 피어오르고
미처 타지 못한 연기에 눈물이 날 때도 있지
서랍, 모서리로 기우는

허브카페에서 뱀이 웃는 걸 본 적 있어
털실뭉치 풀리듯 제 몸 한 광주리 풀어놓고

건너편 서랍을 당기고 있었지
서랍이 잘 풀렸는지는 여태 잘 알 순 없지만

눈이 마주칠 때, 등엔 유성이 지나갔어
웃음이 차가웠지만 갈라진 혀 사이론 약간의 온기가 돌더라

뱀은 밑변만 늘어나서 세모꼴 눈이 되었다지
이마가 가려울 땐 세모, 꼭짓점 하날 찢어야 했을 거야

난, 눈을 감고도 그 서랍 한번 열어보고 싶었어 얘

* 살바도르 달리, 〈서랍이 있는 밀로의 비너스〉, 1936. 변용.

친절은 염소 한 마리

항구가 보이는 횟집
좁은 방에 손님이 복닥거린다
주문을 하면
네네네 네에
가랑잎 쫓듯 분답한 얌샘이
조금만 기다리세요
조금은 사리가 되고
친절은 구름빵이다
바람이 샌다

친절은 어떤 모양일까
소리만 바쁜 친절,
저쪽이 맞춰 주는 것 같지만
이쪽이 끌려오길 원하는
가장자리엔 미늘이 달렸다
수만 번 물에 담갔다 비워내도
그릇은 비워 있겠지만
그릇 따라 되기까지
폭풍이 나무를 흔들어 보듯

비가 꽃이 되도록
네네네 네에
친절은 염소 한 마리
뿔 위로 접시가 돈다

배추흰나비

　김 씨네 상추밭에 세를 들었지요
　새끼가 나올 때까지라도 별일 없었으면, 날마다 그 양반 눈치를 보며
　아이를 쓸어 풀떼기만 먹였지요
　요즘 애들, 알죠 바람 잘 통하고 전망 좋은 1인 1실을 원하더라고요

　그저께 배추밭을 팔았다나봐요
　속사정을 쪼개어 보니
　그물처럼 엉긴 허물의 집이었지요

　세 든 사람들은 통째 집이 날라간다던데
　몇 몇은 옥상에서 뛰어내리기도 한다죠
　최 씨네 아줌마 김치를 담글 때 옆집 노랑나비네 알들이 쓸려들어 갔잖아요
　그 후론 소식도 모르지만

　뛰어내린 아이였을까요 노랑나비로 한 마리 찾아왔어요

난 대책 없이 날갯짓만 할 뿐입니다만

　제때 꼬박꼬박 밥 먹는 일이 구속이라면
　먹고 싶을 때 먹는 밥, 자고 싶을 때 잠들 수 있는 건 자유라 할까요

　밥은 누가 발명했나요
　잠을 누가 발견했나요

　녹두알 같은 서너 알로 산다는 신선의 연단법을 알아볼까나 하다가도

　집이 없다면 차라리 날아다녀야 할까봐요

사과 몇 알

당신의 산소 가는 길은 사과였다
이마에 부딪히는 사과나무의
울타리로 섬이 된, 집

울타리를 넘을 수 없다?
오늘은 내가 섬이다

만질 수 있으나 보이지 않는
서로 주고받았던 사과들,
너는 차고
나는 따뜻했다

사과를 해도 사과는 얼고, 몇 년이나 얼었다 녹고
기억이 희미해져 갈 때
사과는 사과가 되고

사과가 없을 때 떠난 사람이 사과가 지천일 때 돌아
왔다
 〈

떫고 시고 멀건
사과, 과실을 버리는 일이다
사과를 만지면 폭삭 내려앉았다
사과, 텅 빈 공중이 밀고 들어왔다

울타리를 넘지 못하는 날은 사과를 먹는다

남포동

잔치국수를 먹고 비엔나커피를 들이키면
저 거리, 스물넷으로 돌아갈까

닥터지바고였었나?
끝없는 설원에 내 몸이 얼 때쯤 오마샤리프, 눈동자가 깊숙이 스며들던
화면은 저녁도 먹지 않은 뱃속으로 잘도 넘어갔었지
팝송을 좋아했던 오마샤리프 김 잘 있니?

웃음들, 맥주집 모퉁이로 하얗게 빠져나가고
거리마다 화석처럼 박힌
옥, 희, 균, 순, 택들
손바닥 위로 리어카 지나가고
커피를 마시며 허리를 감으며
손등을 밟으며……

손바닥이 화끈거린다
해바라기 꽃잎처럼 피어나는 호떡 한 입 베어 물면
더 이상 꽃이 되지 못한

〈
옛 부영극장 매표소 앞,
눈 감으면 찰싹, 등짝을 치는 샤리프 김

산리山裏

다리를 건너다 본 시구

난간 사이로 바람 지나가고
새소리가 남은 이끼, 세 들어 있다

무릎을 굽혀 이끼를 쓸어본다
바위 속, 노송 한 그루 드러나듯 나타난,

삼성반월교三星半月橋
영조운산리影照雲山裏

모퉁이 돌아 노송 대하듯
선승 만난 듯
옷섶 여미는데

별 세 개, 초승달, 그림 한 점 만들다니……
이렇게 능을 치다니

한 발 더 들여 안갯속 나를 만난다는 거

〈
얼마나 누르고 갈고 닦아야 할까

다리 난간
딱따구리, 동박, 청둥오리, 꽃과 뭉게구름 버무려져
마음 뽁뽁 씻고 있다

대나무 속 얇은 막처럼 내 속의 내가 열린다

실루엣 속
내가 나를 밟고 간다

짤쯔캄머굿

도화지 위로 썰매 탄 아이, 오선지를 그린다
어린 모차르트인가 음표를 찍으면
피아노 협주가 된 바람

빙산이 호수로 들어와 금이 간 달
나무, 더 뾰족해지고
길은 발자국을 쩍쩍 당겼다
캐리어가 미끄러졌다 일어서고

도화지를 꽉 채우는 산, 호수, 나무 그리고, 골목

동심이 하얗게 열리지만 너무 하얘서 불안 같은
마침, 카페에선
dust in the wind*가 설원을 파고드는
그래, 하얀 것 천지엔 뒤는 자꾸만 불안해지지
삐뚤빼뚤한 발자국이 겁 없이 부풀어 오르듯이
도화지는 모서리 쪽부터 젖는 거지

모차르트의 피아노, 깔깔거리는

바람이 품은 소리들
이 허무한 찬란
먼지도 꽃이 되는 걸

* 캔사스.

때론 불통이

꽃 이야기를 하면 비가 온다는 망고를 본 적 있나요?

망고는 럭비공이기도 하고
주상절리, 뚝뚝 잘린 말이기도 하죠
어긋난 말, 덜 익은 망고가 목에 넘어가지 않을 때를 이르는 겁니다

떫고 신 황색의 기분
손안에 든 스노우볼이 너무 환해서 눈사람이 되겠지만

망고가 투명하다면 보라 주걱이 든 줄 알았을까요

약간의 생각이 망고가 어느 가지에 열릴 것인지
어떻게 피어날 것인지……

꽃봉오리만 봐도 척, 알 수 있지

척,
연습의 껍질이거나 지층, 얼굴 또는 과실

때론 불통이 돌아선 통이라는 거

얼굴이 천천히 익어가고
망고를 든 여인*이 애써 웃고

* 폴 고갱, 『망고를 든 타히티 여인』 1892. 변주.

유리의 집에 비는 쏟아지고

유리라면 비가 와도 젖지 않을 텐데
하루는 알록달록한 비와 같아

비의 집은 누구나 한켠
웅덩이처럼 고여 있지

참외 같은 마음도
자두 같은 얼굴도

얼굴이 얇실한 남자와 잘 사는 듯했지
사슴 눈 같은 아이 둘 낳아 몇 년을 가더니
얼굴과 돈은 동급이 아닌가 봐

아이는 아이대로
우산은 우산대로 찢어졌지

눈비 잦던 몇 해 지나 갈비뼈 하나 없는 남자가 왔어
갈비뼈 하나가 없다니, 성경에서나 읽은 듯한
마음은 착했는데 명이 짧았어

그녀 어깨가 다시 비에 젖기 시작했고

어느 날은 갈색 우산 붉은 우산을 쓰고 왔네
우산 아래 둘은 잘 사는 듯 했지
팬데믹이 울컥울컥 흔들고 지나가고

일들은 멈춰지고
우산이라고 믿었던 우산, 지붕이 되지 못했나 봐

여름에 눈이 와도
빗속에 얼음이 쏟아져도 하루는 하루

그녀가 문을 닫았다는 풍문이 있어 하루가 너무 길었을까
  풍문의 문이며 통유리 문까지 한꺼번에 닫아버리다니

  그 문은 누구도 열 수 없어 녹을 때까지 기다릴 뿐이라는데

낮은음자리

나무의 결을 따라 손바닥을 밀면 하얗게 일어나는 속살
눈바람을 간직한 목리에서 휘파람이 새어 나왔다

자귀로 껍질을 벗기고 일상을 쪼개던
먹줄을 튕겨 나무를 자르던
홈을 파고 사개를 맞추면 아득한 삶이 만져지듯, 새소리

대나무못, 사개로 짜 맞춘 책상 하나
색연필을 굴리면 모서리 쪽으로 구르던, 소리
글을 쓰고 시를 쓰게 되었다

눈매와 턱선이 닮았다,
칼칼한 성질조차 당신이 좋은 나는

칸나를 심어 여름을 식히고
국화를 심어 장독대를 호강시키던 당신의
〈

노래를 부르다 가사가 막히면 휘파람 흘러나왔고

 또 겨울인가 새를 기다리는 동안
 푸른빛이 나도록 대팻날을 갈고 손닿는 곳마다 무늬
를 새기면
 낮은음자리, 휘파람

 모서리의
 옹이를 매만지며 꺼묵한 날들을 하나씩 지워가시던

에필로그

멀다

100에서 숫자를 거꾸로 세어본다
99, 98, 95, 90, 77, 67, 55…… 49.9에서 갈림길, 삼거리 돌아

바위, 속이 물렁하게 만져지고
팽팽하던 바람 휘어지다 풀리고
11월, 갈까마귀 몰려오듯 뒷바람 인다

한번 놀러 오라는 친구 전화에
난, *멀다*라 말한다

영산홍 내달리던 길
하나둘 모퉁이가 떨어져 나간다

느릅나무 촌닭농장 지나면 저수지 돌아 언덕 길
점토로 단단하던 길바닥이
모래처럼 흘러내린다
쪼개고 쪼개지다 한 점, 점이 된다
〈

사막에서 온 바람이 지나가는 것일까 낙타 등 같은
마음 짓물리고, 눈썹 닳아
물기 없는 바람의 깊이를 잰다

움푹 파인 발자국엔 바람을 담았다 뱉어내지만
다시 일 없듯 바람이 채워지고

애써 웃어주는데
손바닥 안, 먼 게 가까이 있고
가까운 것 멀리 있는

■□ 해설

본질을 향해 가는 감성적 도식 이미지

권성훈(문학평론가, 경기대 교수)

아무 일도 일어나지 않을 것 같은 수평에도 혀가 있다
자고 일어나면 짠맛이 도는
- 「수평선들은 바위틈에도 산다」 중에서

1.

　기표의 방식으로 세계를 구조화하는 시는 일정한 형식의 언어로 도식화된다. 그것은 이미지들에 대한 능동적인 운동성으로 작동하며 모든 사유를 허용하는 데 있다. 여기서 모든 존재는 시적으로 개방되어 있지만 사유의 출몰을 기대하는 것만이 배제 속에서 선택된다. 조직화되는 시적 소재들은 시인이 선별한 관조적인 것으로 다양한 이미지로 도식화되어 나타난다. 거기에 이미지들을 구체적으로 형상화하고 재구성할 때 사물은 언어를 통해 역동성을 가진 또 다른 유형 체계로 돌입한다. 그건 실재하는 이미지가 변용 과정에서 능동적인 이미지로 가동되면서 새로운 변화를 추구하는 것. 이처럼 시적 이미지는 단순한 상상력의 발현과 언어의 수용이 아니라 이미지 자체로 사물을 도식화하면서 새로운 변화와 그로 인한 의미의 파장을 동반하게 되는 것.

사물의 이미지를 구조화하고 타자와 세계의 관계를 드러내는 시는 내외적 잠재적 상태를 기록한다. 가령 바다의 수평선을 '혀'로 상상하며 '짠맛'이라는 미각적 이미지를 드러내는 것, 수평선 위의 허공을 "공중에도 흔들리는 계단이 있다"라고 하는 것, 그러므로 수평선을 가진 하늘을 올라갈 수 있는 '계단'과 '층계'로 구조화되면서 허공을 '뼈만 남은' 것 또는 파도를 "살 한 점 남지 않은 지느러미"로 연출할 수 있게 된다. 이런 발상은 세계라는 무수한 사물들 속에서 '수평선 이미지'를 도식화하면서 사유를 드러내는 것으로 쓰인다. 그것도 하늘에서 '내려다본 구름의 마음'을 상상하며 이를 이미지로 현동화 시킬 수 있을 때 가능해 진다.

박산하의 이번 시집 『샤갈, 모래톱에 서다』는 세계와 사물을 능동적인 이미지로 도식화하면서 사유를 견인한다. 그것은 사물의 정면보다는 그것의 안쪽 또는 뒤쪽에 존재하는 것을 찾아간다. 마치 "그림, 뒤쪽에서 비치는 말들"(「뒷면에 대하여」)같이 불투명한 무수한 '검은 숲'으로 상정하고 '말의 숲속' 이미지로 도식화해 낸다. "칸트는 머릿속에 그릴 수 있는 이미지를 도식이라고 말한다. '한 점에서 동일한 거리에 있는 점들의 집합'이라는 원의 정의가 개념이라면 그 개념을 파악하기 위해 머릿속에 떠올리는 동그란 형상의 이미지가 바로 도식이다."[1]

칸트가 언급한 이 도식은 '사고의 산물'이 아니라 이미지로 통하는 '감성의 산물'이라는 점이다. 여기서 이미지로서 도식은 감성을 활성화시키는 창조적 상상력으로서 새로운 능력이다.

이처럼 박산하의 시편은 현재 있지 않은 어떤 것을 허구적으로 그려보는 허상이나 공상적인 능력으로부터 벗어나 있다. 요컨대 어떤 것을 본질과 다르게 허구적으로 형상화하는 것이 아니라, 그 어떤 것의 본질을 선행하거나, 보충하기 위하여 쓰인다. 그에게 내재 된 감성의 산물은 무엇

---

1) 박영욱, 『데리다&들뢰즈』, 김영사, 2022, 37~38쪽.

을 무엇답게 보여주는 이미지로서 감성적인 도식이 된다. 이 감성적인 도식은 '그물에 걸린'(「투칸의 부리가 될 거나」) "말"로서 '말의 높이'를 상회하는 언어로서 '말의 진폭'을 형상화하는 데 쓰인다. 이 말의 진폭은 내용물을 숨기고 있는 '서랍'같이 "어디든 열어보고 싶은"(「서랍이 궁금하다」) 의문의 파장같이. 혹은 「서랍이 있는, 여인」처럼 "그 서랍 한번 열어보고 싶었어"하면서 의문의 대리 충족을 가능하게 해 준다. 거기에 우리는 그의 시편을 통해 특정한 의미로 받아들이는 대신 각각의 경험과 가치 속에서 고유한 의미를 부여한다.

2.

물론 그가 「시인이라서」 '시의 바다'를 항해하면서 "맵짜한 자갈치의 밤거리를 걸"을 때에도, "영화를 보며 까르륵 거리던 거리"에서도, "비엔나커피에 비스킷으로 한 끼를 때우고 클래식을 듣던 날들, 보수동 헌책방 골목을 다니며 도록을 뒤적거리던 날들" 속에서 "마음대로 뭉쳤다 흩어지는 구름 같기도" 한 시편을 구획해 낸다. 그것은 "골목 어딘가에 쓰러져 웅크린 것들, 일으켜 세우는 일이 시라고"

믿으며 '언어의 항구'에서 약진한다. "가장자리가 중심이 될 수"(「달의 귀환」) 있는 거기서 우리는 "밤을 걷어 올리는 눈꺼풀"(「새벽, 시속 240km로」)을 그의 시편에서 발견하게 된다. 이 눈꺼풀은 바로 존재의 펼쳐짐에 관한 것으로서 어둠의 철회이며 존재에 대한 접촉으로 이루어진다. 그로 인해 우리는 존재가 소유한 '한 생 포구'(「포구에 부리는 음률들」)를 "바라춤을 추는 저 비원들"로 사유할 수 있게 되는 것.

    여자가 여자에게 전해주던 멈춘 시계 속으로 들어선다
    문득, 저 시간의 돌 하나 사고 싶다,

    싸고 싸맸을
    가장 어둡고 깊은 구석에 밀어 두었던 시간들
    껍질을 벗겨본다

    강치 이빨을 닮은 시간을 비틀자 숫자들 떨어진다
    반으로 뚝뚝 잘리는 조각조각들 6,7,9,8……

    멈춘 시간은 돌처럼 껍질이 벗겨지는 걸까

〈
붉은 잎이 돋아날까 푸른 뿌리가 숲을 흔들지도 몰라

바람 들면 푸석한 꽃 한 송이 필지도

이미 복사꽃 만발한 미다스 도원

앱솔루트 보드카 반병 마신 보랏빛 구름 같은

꽃이 피고

이윽고 폭포, 저 직하하는 삼각들

그저 는개 뒷면, 햇살의 각도

투명한 것들끼리 저리 선들이 흘러간다는 거

　　　　　　　　　　　－「돌의 기분」 전문

　인류 역사상 돌은 가장 오랫동안 지구의 시간을 건너왔다. 인간이 만들어낸 시간보다 앞서 있는 돌은 시간적인 변화의 가능성을 배제한다. 또한 생물학적으로 돌은 무생물로 존재하며 감정이 없는 상태로 공존하는 '멈춘 시계'가 아닐 수 없다. 그렇지만 '저 시간의 돌 하나'가 "싸고 싸맸을" 세월은 누구도 추측 불가능하다. 거기서 시인은 "가장 어둡고 깊은 구석에 밀어 두었던 시간들" 속에 있는 "돌의 껍질 벗겨본다" 이는 돌의 시간을 해부하며 돌을 감성의 산물로서 도식화해 내는 행위다. 바로 "반으로 뚝뚝 잘리는 조각조각들"은 돌이 가지고 있던 시간이며 현출하고 있는 돌의 기분이 된다. 오랜 단단함 속에 내재 된 돌의 감정은 '꽃'과 '바람' 그리고 '구름'과 '햇살'을 머금고 있다. 거기서 돌의 "푸른 뿌리가 숲을 흔들지도 몰라"라고 사유하는 것이야 말로 비장함을 감추고 있는 돌의 뒷면이 아닐 수 없다.

    한밤, 낮달을 본다
    큰 얼굴 잇대 만든 집?

    1250도의 열기가 이리 차가워질 수도 있나?
    자디잘게 쪼개져 가라앉은 저

    둘이 만나 하나가 된다는 거
    빙렬, 갈라지면서 이어지는 미로

    똑같은 길은 하나도 없다던데
    하루의 길이 또는 부피
    〈

내가 내 안으로 사라지고 싶을 때 저 먹먹한

아무 일 없다는 듯 돌아와 눙치고 있는 낮달 하나

삭이고 삭히면 둥그런 곡면들
내 속으로 스밀 때 내가 내 집으로 들어서는, 저

         – 「달항아리」 전문

 커다란 백자 항아리 양식의 「달항아리」는 '1250도의 열기' 속에서 가공되며 그것을 견뎌야 만이 온화한 백색의 유려한 곡선으로 태어날 수 있다. 태양 빛에 그 존재를 드러내고 있는 '낮달'처럼 달항아리는 그 시간을 묵묵히 인내하며 자신만의 찬란한 밤을 맞이한다. 시인은 "자디잘게 쪼개져 가라앉은 저" 불길 속에서 진흙과 불, 이 "둘이 만나 하나가 된다는 거" 그것의 증거로 유약을 바른 항아리 표면에 금이 가 있는 "빙렬, 갈라지면서 이어지는 미로"를 통해 완성된 길을 발견한다. 이 가운데 달항아리라는 존재를 더 존재답게 구현하기 위하여 "똑같은 길은 하나도 없다던데/하루의 길이 또는 부피"를 도식화하면서 존재에 대한 보편성을 획득한다.

또한 달항아리에 내재 된 사유를 파고들면서 "내가 내 안으로 사라지고 싶을 때 저 먹먹한" 감정의 온도를 투사시킨다. 거기서 고요한 어둠을 기다리는 마음으로 자신을 '낮달'로 호환하는데 이는 달항아리와 낮달의 공존을 의미한다. 공존의 대상은 "삭이고 삭히면 둥그런 곡면들"로 이루어진 존재들에 대한 변형으로 나아간다. 이런 존재가 "내 속으로 스밀 때 내가 내 집으로 들어서는" 것은 희미하고 위태로운 시간을 견디면서 발효된 주체로서 고유성을 찾아가는 과정을 드러낸다.

3.

박산하 시인의 이미지 도식은 물상 안에 담긴 의미를 기표의 방식으로 해체한다. 그럼으로써 주변에 다른 모든 것들과 구별되게 만들며 그 차이를 사유로서 나타낸다. 그것은 고정되어 의미를 유동적으로 변화시키는데 잠재적인 사물의 감성을 자극함으로 생성된다. 이 잠재성은 시인이 대상을 면밀하게 탐사하지 않는다면 절대 깨달을 수 없는 영역에서 비롯되는 것. 이처럼 그의 감정적 산물로서의 잠재성을 가진 사물은 아직까지 드러나지 않은 무한한 존재에 대한 기대와 설레임으로 충만하다. 세상에 존재하는 모든 사물은 무한한 잠재성을 가지고 있지만 시적 대상이 되었을 때 수면 밖으로 드러낸다. 그것은 그의 시에서 이미지로 현시되며 반대로 시적 대상이 아닌 존재는 어떠한 미학도 현출할 수 없는 것. 이처럼 존재가 가진 특이성에 다가가서 잠재성을 공유 가능한 도식 이미지로 견인할 때 존재의 본질에 다가설 수 있다. 동시에 존재의 의미가 발생하면서 그 존재는 비로소 존재 다워진다.

    겨울새를 위한 압축파일?
    공중, 사랑이 참 붉다

    슈베르트 한 뭉치 지나가고
    싸락눈이 나뭇가지도 흔들어보고, 마왕일까
    마른 잎들은 계절과 계절을
    빨강들 쏟아지고

    무슨 따뜻함이 저리 올망졸망해질 수도 있나
    볼에 그득한 점
    〈

산방꽃차례냐 취산꽃차례냐, 꽃 피는 자리나 익어가는
게 뭘 그리 대수랴
　　겨울을 나는 자들을 위해 저리 붉은, 눌러 담은 소찬

　　아니다, 저 붉은 결기
　　바람 불 때마다
　　곤줄박이 박새 직박구리 붉게 익어가는

　　빨간 눈빛이 소복한 새소리
　　겨울 강을 건널 저녁 한 상 차려진

- 「겨울 팥배」 전문

　시인은 공중에 달린 열매를 보며 "겨울새를 위한 압축파일?"(「겨울 팥배」)이라고 지칭한다. 이것은 고유한 주체로서 '팥배나무'를 향유하게 만들며 '겨울 팥배'의 본질을 선회하면서 그것의 의미를 확장시킨다. 그러므로 이 '압축파일'에 저장된 정보는 시인이 발견한 팥배나무의 잠재성이 된다. 그것은 겨울새를 향해 있는 것과 동시에 뒷면에는 존재들에 대한 감성적 산물이다. 게다가 "무슨 따뜻함이 저리 올망졸망해질 수도 있나"라고 팥배나무를 통해 서정성을 드러내며 '붉은 사랑'이라는 도식적 이미지로 파생시킨다. 이 붉은 사랑은 "겨울을 나는 자들을 위해 저리 붉은, 눌러 담은 소찬"으로 이루어진 것으로 '저 붉은 결기'가 된다. 곧고 바른 팥배의 결기는 바로 잠재적인 것에 의미를 부여하는 것으로 시적 사유로 개방되는 것과 같다.

또한 흘러가는 물을 통해 「물의 각」이라는 도식적 이미지를 그려내면서 잠재된 '암청색 물의 울음'을 듣기도 한다. 울음이 '목젖까지 올라온' "물은 깊을수록 색 짙어지고"라는 대목에서 사물의 감성을 이미지를 통해 나타낸다. 그 속에서 "내 안의 물결 몇 개 저리도록 운다는 거"라고 모든 존재가 가지고 있는 비애를 보편적으로 정착시킨다. 그것은 「물의 농담」에서 "앉아서도 치맛자락 펄럭거리는" 물의 운동성을 통해 "물 위의 대화"로 도식화하며 '누군가의 농담'을 "파도와 파도 사이, 미끄럼 탄" 흔적도 없이 지워진 "그날의 일기"로 형상화하기도 한다.

    새소리 모으면 생황 하나 만들어질까
    물소리 모으면 고래가 돌아올까
    솔숲 바람 모으면 정자 하나 세워질까
    〈

천 층 만 층 구만 층

나눠지는 마음

한곳에 머무르기 쉽지 않은 거라

말뚝 박는다는 말, 아무나 할 수 없지

댓잎도 새들을 재우듯

셋이 걸으며 서로 길을 터 준다는 거

어깨 기댈 기둥이 되어 준다는 거

시린 손 잡아주는 들보가 되어 준다는 거

공중에

집 하나 떠 있지

서로에게 스며들 때

청간淸澗 소리 가득한 정자 하나

      - 「맑은소리 모으다」 전문

 세상에 존재하는 '맑은소리'는 청각적 이미지로서 '나눌 수 있는 따듯한 마음'이다. 이 중에서 시인은 "한곳에 머무르기 쉽지 않은" '새소리' '물소리' '솔숲 바람' 등의 소리를 도식화하며 감성적 사유를 보인다. 이를테면 "댓잎도 새들을 재우듯/셋이 걸으며 서로 길을 터 준다는 거/어깨 기댈 기둥이 되어 준다는 거/시린 손 잡아주는 들보가 되어 준다는 거"는 '청간淸澗 소리'같이 맑은 물로서 세계의 경계를 허물고 '서로에게 스며들고' 무한 증식하고 있는 서정적 감수성을 드러낸다.

  그것은 공감대를 형성하며 「반가사유상」에서 "꽃 열리듯 번지는 저, 저 볼우물"이라는 미소를 "이 생 나오기 전, 그/무슨 살내음이 떠올라 저리 웃을꼬"라고 감성적 윤회를 드러내는 것. 게다가 가을 연꽃을 통해 "잎은 잎맥으로 넓고 꽃은 꽃대로 높아/사람들은 꽃 따라 미소가 출렁/공감은 구름처럼 번집니다"와 같이. "한 방울의 빗물만 보태도 넘칠 것 같은/당신의 향"(「모란」)과 같이. "공유하지만 서로 겹치지 않는/둥치들"(「자작나무와 숲」)과 같이 서정성을 담보로 살아가는 존재들에 대한 공존의 법칙을 도식화하여 생성해 낸다.

4.

오늘 아침을 화분에 묻으면 간밤의 씨가 나올까?

생각을 화분에 심으면 손가락이 열릴까?

넌 매일 씨를 먹고 껍질을 벗겨내잖아
난 과일의 속을 이식해 뭔가를 쓰려 하고

아보카도를 먹고 시를 화분에 묻었다
행간이 자라고 있다 마로니에 잎을 닮은

그 행간, 남국일까
따뜻한 그늘을 떠올리며 자꾸만 웃자라고 싶은

무성해지면 동남아가 된다
앙코르톰 프놈 바켕, 일몰보다 가지런한 속이 궁금했던

잎은 넓었고

내가 알지 못하는 일들은 숲속에서 이미 자라고

말랑해진 행간 하나 누르면 수십 년 고인, 파란 물이 쏟아질 것 같은

아보카도 내 손에 들어오기까지
남국의 열기가 저온방을 지나 여기, 일생이

결국,
시
씨 하나 남기는 일이라고

하루를 헐어 삼킨 일이 쉼표 하나 지우려는 일이라도 될까?

- 「씨, 시」 전문

  그에게 '시'는 '씨'와 같이 열매 속에 있는 개체로 새로움을 번식시키는 근원이기도 하다. 씨가 땅에서 부화하기 위해서 그 조건과 환경들이 씨들마다 상이한 것처럼 시 역시 대상에 따라서 다르게 창작되며 사유된다.

그건 그의 시에서 "오늘 아침을 화분에 묻으면 간밤의 씨가 나올까?"라는 상상력의 씨앗에서부터 시작된다. 이 시에서 '오늘 아침'은 열매가 되고, 이 열매가 묻힌 '화분'은 조건이 되고, 간밤은 환경이 된다. 이 과정에서 열매를 뚫고 나오는 것이 '씨'이며 마찬가지로 '시'이기도 하다. 그것은 "생각을 화분에 심으면 손가락이 열릴까?" 행간에서 도식적으로 확장되면서 새로운 의미를 구축하게 한다.

바로 시인의 '그 행간'은 남국이 되기도 하고, '동남아'가 되기고 하며 "내가 알지 못하는 일들"에 대한 그 '속이 궁금했던' 것을 해소시킨다. 이같이 시인의 역할은 상상력을 통해 세계와 사물 안에 있는 것들을 새롭게 개방하면서 그 존재를 신선하게 해주는 데 있다. 수선되지 못한 언어의 "그물처럼 엉긴 허물의 집"(「배추흰나비」)을 시어로 조직하면서 "만질 수 있으나 보이지 않는"(「사과 몇 알」) 진실이 보일 때까지 사유를 펼쳐보인다.

그의 시는 모래알처럼 "쪼개고 쪼개지다 한 점"(「에필로그」)처럼 절제된 '언어의 알갱이'로 사물의 본질을 드러내는 데 충실한다. 공통적으로 이번 시집에서 본질을 향한 도식 이미지는 사물의 감정선을 따라서 작용하며 거기서 우리는 그만의 시적 감수성을 만날 수 있게 된다. 한 편의 시가 여백에서 열리기까지 "방울방울 부릅뜬 눈, 허공에서 목어처럼 꺽꺽 울어야만 했던"(「물의 모양」) 시인의 시의식을 살필 수 있다. 이로써 박산하 시인의 「씨, 시」에서처럼 '결국' 시인의 운명은 '시'라는 "씨 하나 남기는 일이라"는 시행에서 문학을 향한 그의 진정성을 파고들게 한다.